Inhalt

Frauen heute - eine finanzkräftige, sehr heterogene Zielgruppe

Kernthesen

Beitrag

Fallbeispiele

Weiterführende Literatur

Impressum

Frauen heute - eine finanzkräftige, sehr heterogene Zielgruppe

E.Krug

Kernthesen

- Frauen haben sich mittlerweile zu einer selbstständigen und finanzkräftigen Zielgruppe entwickelt. Sie treffen immer häufiger Kaufentscheidungen nicht nur für sich, sondern für auch für den Partner und natürlich die gesamte Familie. (1)
- Die Zielgruppe der Frauen, die sich in ihrem Konsumverhalten deutlich von der Zielgruppe der Männer unterscheidet, ist in sich auch nicht homogen und deshalb für das Marketing nur schwer fassbar. Eine zielgerechte Ansprache bedarf vorab einer

genauen Differenzierung der unterschiedlichen Frauen-Typologien.
- In Zukunft werden die Frauen immer stärker auf den Markt einwirken und ihn bestimmen. Im Bereich Marketing muss dementsprechend ein Umdenken erfolgen. (1),

Beitrag

Die Frauenrolle in der Gesellschaft hat sich eklatant verändert. Die Frau von heute führt in der Regel schon fast ein Doppel-Leben. Ein Teil ihres Lebens spielt sich von jeher im privaten Bereich ab. Trotz nie endender Diskussionen über Gleichberechtigung ist der häusliche Sektor nach wie vor meist das Terrain der Frauen. Im beruflichen Bereich, früher die absolute Männerdomaine, findet dagegen inzwischen verstärkt der andere Teil eines Frauenlebens statt. In beiden Lebens-Bereichen wird sie gleichermaßen gefordert und möchte darüber hinaus auch in allen anderen zusätzlichen Rollen, wie z. B. intelligente gebildete Gesprächspartnerin, gleichermaßen perfekt sein. Ihr Ziel ist die Multioptionalität.

Diese sehr unterschiedlichen Anforderungen und die Entscheidung zwischen Beruf oder Familie oder Doppel-Leben in einer ausgewogenen Form prägen die Frauen natürlich auch in ihrer Individualität. Die Folge davon ist, dass es sehr unterschiedliche Frauentypen gibt, die ein sehr differenziertes Konsumverhalten an den Tag legen. Die Zielgruppe der weiblichen Verbraucher ist deshalb aus der Sicht des Marketings nur sehr schwer zu erfassen.

Geschlechtsspezifische Typologie als Basis zur Erforschung des Konsumverhaltens

Dass sich das Verbraucherverhalten der Frauen von dem der Männer unterscheidet, ist eine Sache, und sicher nicht neu, dass es sich bei den Frauen allerdings um eine äußerst heterogene, allerdings mittlerweile sehr finanzkräftige Zielgruppe handelt, lässt das weibliche Konsumverhalten zum interessanten und für das Marketing absolut bedeutsamen Untersuchungsgegenstand werden.

Hier ist es sehr wichtig, dass die unterschiedlichen Zielgruppen erst einmal typologisiert werden. Die spezifischen weiblichen Verbraucher-Gruppen unterscheiden sich bereits in ihren differenzierten Anforderungen an die Werbung, an die Verkaufsförderung, etc., kurz und gut an das gesamte

Marketing. In ihrer Individualität reagieren sie mit den unterschiedlichsten Konsumgewohnheiten.

Entgegen der Meinung, dass sich Männer und Frauen im Zuge des gesellschaftlichen Wandels immer mehr aneinander anpassen, sind typische weibliche Werte bei den Frauen immer noch sehr wichtig. Allerdings werden, bedingt durch die Vielschichtigkeit der Lebensbereiche einer Frau, männliche Werte auch für die Frauen immer bedeutender. Die Frauenstudie Woman Today (vgl. Cases) bietet eine Grundlage für die Typologisierung der Frauenwelt. Sie unterscheidet zwischen sechs Frauentypen mit den vorrangigen Werten:
- Familie und Partnerschaft, der private Bereich ist mit einem absoluten Selbstverständnis auch der berufliche Bereich: Wir-Frau (22,5 Prozent)
- Lebensgenuss und individuelle Selbstverwirklichung: Ich-Frau (12,4 Prozent)
- Erobern der Männer- und Berufswelt: In der Welt-Frau (18,1 Prozent)
- Traditionelles konservatives Hausfrauendasein im klassischen Sinn: Im Haus-Frau (15,2 Prozent)
- Auf der einen Seite klassische Familie, auf der anderen Seite Emanzipation und Selbstverwirklichung: Doppelt- und Dreifach-Orientierte (15,7 Prozent)
- Weder traditionelle konservative Vorstellungen, noch neue moderne Orientierung; introvertiert,

häuslich-bescheiden: Orientierungslose (16,1 Prozent)

Selbstverständlich gibt es hier auch Überschneidungen, dennoch wird deutlich, dass sich in der Bewertung von Dienstleistungen und Produkten, die bei den ungleichen Frauen-Gruppen vorgenommen werden, viele Unterschiede ergeben. So sind beispielsweise materieller und sozialer Status für die Doppelt- und Dreifach-Orientierte von immenser Wichtigkeit, während die Wir-Frau klar die Bedeutung ihrer Familie und Partnerschaft über materielle und soziale Komponenten stellt.

Dementsprechend unterschiedlich ist auch ihr Einkaufsverhalten. Ein weiteres Beispiel ist, dass besonders die Frauen, die auf ihre Karriere fixiert sind, eine ausgeprägte Markentreue an den Tag legen. (1)

Viele Studien, die in letzter Zeit durchgeführt wurden, bestätigen das Bild, dass die Zielgruppe der Frauen definitiv nicht homogen ist. Die Klassifizierungen, die aufgrund der Studien vorgenommen werden, sind nicht immer gleich. Sie lassen aber im Endeffekt gleiche oder ähnliche Tendenzen erkennen, die dem Marketing die Basis zu einer spezifischen Kundenansprache liefern, um auf individuelle Bedürfnisse gezielt eingehen zu können.

Der Unterschied zwischen dem Konsumverhalten von Frauen und Männern am Beispiel Internet

Bei der Maßgabe, das Konsumverhalten der Frauen zum brisanten Marketingthema werden zu lassen, muss neben der Heterogenität innerhalb der Frauen-Zielgruppe natürlich auch der Unterschied zur Verbrauchergruppe der Männer berücksichtigt werden.

Speziell beim Umgang mit dem Internet zeigen sich deutliche geschlechtsspezifische Differenzen im Konsumentenverhalten. Grundsätzlich hat sich der Bezug der Frauen zum Internet in den letzten Jahren verändert. Waren 1997 noch 30 Prozent der Internet-User Frauen, so liegt der Frauenanteil heute bei 40 Prozent.

Einer der grundlegenden Unterschiede zwischen Männern Online und Frauen Online ist der, dass Männer eine höhere Webkompetenz aufweisen. Da die meisten Frauen Späteinsteiger sind, fehlt es ihnen an der Internet-Erfahrung, was teilweise noch Unsicherheiten beim Onlineshopping mit sich bringt. In ihrem Kaufverhalten an sich zeigen sich die Frauen allerdings wesentlich zielgerichteter. Für sie ist das

Internet in erster Linie eine praktische Art einzukaufen oder Informationen zu gewinnen. Die Perspektive der Männer ist eine ganz andere. Für sie bedeutet im Internet zu surfen zusätzlich auch einen Spaßfaktor. Für die Frauen sind der Nutzungskomfort und eine einfache Usability von großer Bedeutung. Frauen kaufen im Web bewusster, interessierter und preissensibler ein als Männer. Sie favorisieren Kleidung, Kosmetik, Spielzeug und Wohn-Accessoires. (2)

Fallbeispiele

Beispiel für Studien zum Thema: Frauen heute

Frauenstudie Woman Today
Idee:
Geschlechtsspezifische Typologisierung als Basis für eine zielgruppengerechte Ansprache
Methode:

50 Frauen im Alter von 20 bis 59 Jahren aus allen sozialen Schichten wurden in mehrstündigen Einzelinterviews zum Thema befragt (Pilotstudie) Anschließend wurde mit den gewonnenen Erkenntnissen ein Fragebogen zusammengestellt, mit dem eine repräsentative Face-to-face Befragung bei 1010 Frauen im Alter von 20 bis 59 Jahren durchgeführt wurde (Hauptstudie)

V.E.N.U.S. (gemeinsame Studie von freundin und rheingold)
Es handelt sich dabei um eine grundlegende und tiefenpsychologisch fundierte, wie umfassende, statistisch repräsentative Studie
Idee: Einblick in die Andersartigkeit von Frauen, in ihr Denken, Fühlen und Handeln
Der Begriff V.E.N.U.S. steht für fünf psychologische Dimensionen:
V: Virtueller Schöpfungs-Wahn
E: Elementares Realitäts-Bedürfnis
N: Narzisstischer Rebellions-Tick
U: Unermüdliche Identitäts-Suche
S: Sinnstiftende Orientierungs-Sehnsucht
Die Dimensionen sind das Ergebnis einer analytischen Ermittlung im Rahmen von 150 Stunden tiefenpsychologischer Gespräche mit 50 Frauen im Alter von 20 bis 45 Jahren.
Die fünf Statements konnten dann mittels einer Repräsentativbefragung bei 1500 Frauen auch

quantitativ empirisch nachgewiesen werden.
Mit Hilfe dieser Dimensionen ist es möglich, Verhaltens- und Denkweisen, sowie unbewusst vorhandene Einstellungen erfahrbar zu machen.

Repräsentative Zielgruppenanalyse bei österreichischen Frauen (Karmasin Motivforschung / Agentur FCB Kobza)
Persönliche Interviews mit 503 Frauen zu den Themen Rollenbilder, Identifikation mit Marken und Werbesujets.
Einige Ergebnisse:
Der in der Werbung bevorzugte Frauentyp ist bei Frauen out, in der Werbung für Frauen ist ein Umdenken notwendig.
Frauen treffen Kaufentscheidungen als Hauptverantwortliche
bei Lebensmitteln: 86 Prozent
beim Urlaub: 48 Prozent
bei Bankdienstleistungen: 41 Prozent
beim Heimwerkerbedarf: 27 Prozent
bei PC und Laptop: 23 Prozent (1)

Frauen bestimmen den Markt: am Beispiel Hugo Boss

Boss, als männlichste Marke auf dem Markt versucht sich in der Damenmode. Trotz massiver Anfangsprobleme bleibt man bei Boss am Ball, weil Mode sich über Frauen definiert und ein Kleidungshersteller den Damenmarkt zur Imageabsicherung braucht. Mittlerweile bestimmen die Frauen auch zunehmend die Trends in der Männermode.

Weiterführende Literatur

(1) Frauen sind anders als die Werbung denkt
Zielgruppenanalyse zeigt: Frauen können mit Werbetypen wenig anfangen
aus WirtschaftsBlatt, 02.05.2003, Nr. 1861, S. A15

(2) Wo Frauen online shoppen
aus acquisa, Heft 05/2003, Supplement Trends im E-Commerce, S. S5

Impressum

Frauen heute - eine finanzkräftige, sehr heterogene Zielgruppe

Bibliografische Information der deutschen Nationalbibliothek

Die Deutsche Nationalbibliothek verzeichnet diese Publikation in der deutschen Nationalbibliografie; detaillierte bibliografische Daten sind im Internet über http://dnb.d-nb.de abrufbar.

ISBN: 978-3-7379-0679-1

© 2015 GBI-Genios Deutsche Wirtschaftsdatenbank GmbH, Freischützstraße 96, 81927 München, www.genios.de

Alle Rechte vorbehalten. Dieses Werk ist einschließlich aller seiner Teile – z.B. Texte, Tabellen und Grafiken - urheberrechtlich geschützt. Jede Verwertung außerhalb der Grenzen des Urheberrechtsgesetzes bedarf der vorherigen Zustimmung des Verlags. Dies gilt insbesondere auch für auszugsweise Nachdrucke, fotomechanische Vervielfältigungen (Fotokopie/Mikroskopie), Übersetzungen, Auswertungen durch Datenbanken oder ähnliche Einrichtungen und die Einspeicherung und Verarbeitung in elektronischen Systemen.